¡Todos a bordo!
Cómo funcionan los
trenes

TIME FOR KIDS

Jennifer Prior

Asesor

Timothy Rasinski, Ph.D.
Kent State University

J.P. Naybor
Train Conductor

Morris E. Nelson
Railway Switchman

Créditos

Dona Herweck Rice, *Gerente de redacción*

Lee Aucoin, *Directora creativa*

Robin Erickson, *Diseñadora*

Conni Medina, M.A.Ed., *Directora editorial*

Stephanie Reid, *Editora de fotos*

Rachelle Cracchiolo, M.S.Ed., *Editora comercial*

Teacher Created Materials

5301 Oceanus Drive
Huntington Beach, CA 92649-1030
http://www.tcmpub.com
ISBN 978-1-4333-4471-8
© 2012 Teacher Created Materials, Inc.

Tabla de contenido

La canción del tren

Por el aire llega un solitario canto. "Chu, chu," suena a lo lejos. Poco a poco se acerca. "Clic, clac, clic, clac," se aproxima el tren por la vía.

"Din, din, din, din," suena la campana en el cruce. Pasa un vagón tras otro. "Clic, clac, clic, clac." ¿Qué transporta? ¿Adónde va? "Clic, clac, clic, clac." ¿Cómo se mueve? ¿Cuántas millas viajará? "Din, din, din," la campana del cruce calla. El tren se aleja en la silenciosa noche. A lo lejos, se oye un solitario canto, "Uuu, uuu… uuu, uuu."

▼Se usan los trenes para transportar muchas cosas diferentes.

La bala de cañón de Wabash

A fines del siglo XIX y principios del siglo XX, la manera más rápida de viajar era por ferrocarril. Para la gente, era emocionante recorrer grandes distancias en tren. Varias canciones de la época reflejan estos sentimientos. Aquí se muestra parte de "La bala de cañón de Wabash," una de las canciones más populares de aquellos tiempos.

> *Escucha el tintineo, el retumbo y el rugido,*
> *mientras se desliza por bosques, montañas y*
> *costas.*
> *Escucha el poderoso aliento del motor y el*
> *solitario llamado del silbato,*
> *viajando por la selva es La bala de cañón de*
> *Wabash.*

ANCHESTER RAILWAY. 1831.

Breve historia de los trenes

Los primeros trenes se utilizaron a principios del siglo XIX. Los vagones eran parecidos a las carretas. Caballos los arrastraban por las vías.

En 1830, comenzó a operar el primer tren de vapor. A partir de entonces, se construyeron muchas vías férreas. La mayoría de las vías no eran muy largas. Se usaban para transportar personas y **flete**.

Después se construyeron vías férreas más largas. Los trenes podían viajar de un lado del país al otro. Incluso tenían camas. Así, los viajes largos eran más cómodos para los pasajeros.

▼ anuncio del primer tren de vapor

The First Steam Railroad Passenger Train in America.

Sube al tren

El año en el que más se utilizó el tren fue 1920. A partir de entonces, comenzó a disminuir el número de viajeros, a medida que aumentaba el número de automóviles. Hoy en día, la popularidad de los viajes en tren está renaciendo, tal vez para evitar el tráfico de automóviles y la contaminación.

Colocación de vías

En 1840, había 2,818 millas de ferrocarril en los Estados Unidos. Para 1860, ya había 30,000 millas de vías. En 1869, se completó la primera vía que cruzaba los Estados Unidos. Fue llamada el Ferrocarril Transcontinental.

Cómo funcionan los trenes

Las vías

Los trenes se mueven sobre vías hechas de acero y madera. Los rieles son de acero. Los **durmientes** de madera unen las vías. Los largos tramos de acero están unidos por piezas de acero, llamadas **escuadras**. Las escuadras son la causa del fuerte traqueteo de los trenes. Las ruedas del tren golpean las **eclisas**. Esto produce el "clic, clac."

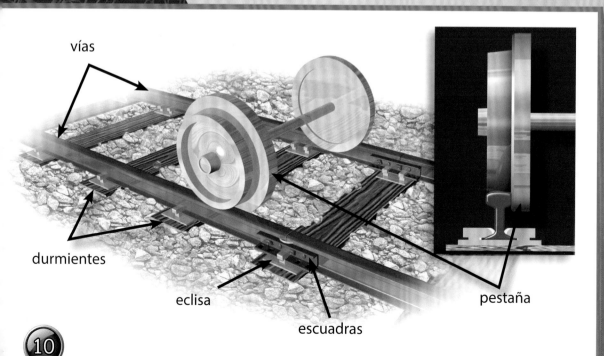

vías

durmientes

eclisa

escuadras

pestaña

Los trenes se mueven sobre vías como estas. ▶

▼ La pestaña mantiene las ruedas en las vías.

pestaña

Las ruedas

Las ruedas de un tren son diferentes de las de un automóvil. Cada rueda tiene una **pestaña** que se queda sobre el interior de las vías. La pestaña agarra a las vías y mantiene al tren en las vías. El tren no necesita ser conducido como un automóvil.

Motores

Hace años, todos los trenes tenían **motores de vapor**. El vapor a presión entraba al motor. El motor movía varillas conectadas a las ruedas. Estas varillas hacían girar las ruedas.

Los trenes de vapor eran conocidos como "trenes chu-chu." Cuando el vapor del motor escapaba por un silbato, producía el sonido "chu-chu."

▲ Así es como se ve el interior de una máquina de vapor.

Otros nombres para los trenes

Chu-chu es una de las maneras en que llaman a los trenes. Otro nombre es *locomotora*. *Loco* significa lugar. *Motora* significa que se mueve. Así, que el término locomotora significa "mover de lugar."

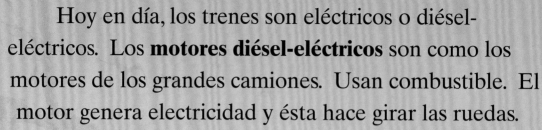

Hoy en día, los trenes son eléctricos o diésel-eléctricos. Los **motores diésel-eléctricos** son como los motores de los grandes camiones. Usan combustible. El motor genera electricidad y ésta hace girar las ruedas.

Los motores eléctricos obtienen la electricidad de cables suspendidos sobre el tren o de vías especiales debajo del tren. Por lo general, se usan en distancias cortas, ya que su costo de operación es alto.

¿Qué es?

El diésel es un tipo de combustible obtenido del petróleo.

¿Qué tan rápido es?

Un tren común puede viajar a una velocidad máxima cercana a 60 millas por hora. Sin embargo, en Francia hay un tren especial, llamado TGV, que viaja a un promedio de 131 millas por hora y estableció el récord de velocidad para trenes: ¡320 millas por hora!

El trabajo en un tren

Si los trenes no se manejan como los automóviles, ¿se conducen solos? ¡Por supuesto que no! En los trenes y las áreas de maniobras hay muchos trabajadores que se encargan de mantener todo funcionando.

El **revisor** es el responsable. Es como el capitán del equipo. El revisor toma todas las decisiones.

El **maquinista** conduce el tren. Hace años, los maquinistas reparaban los motores descompuestos. Ahora, la mayoría de los motores pueden repararse mediante sus sistemas de computación.

▼ Una máquina de maniobras es un tren que hace trabajo en el área de maniobras.

Los **guardafrenos** trabajan en los trenes y las áreas de maniobras. **Enganchan** y **desenganchan** vagones, **accionan** agujas y muchas cosas más.

Estos trabajadores entrenan duro para sus labores. Después de todo, es su responsabilidad transportar a las personas y cosas de manera segura.

▼ El revisor se conoce como *capataz* cuando está en una máquina de maniobras

▲ El guardafrenos está encargado de los frenos.

▼ El maquinista maneja el tren.

Vagones

Hace años, los vagones de un tren se unían con ganchos. Esto causó problemas. Cuando los trenes paraban, los vagones se golpeaban. Ahora, los trenes se conectan con **acopladores**. Los acopladores evitan que los vagones choquen el uno con el otro.

◄ acoplador

▼ furgón

Piensa en los trenes que has visto. Los automóviles son fabricados de maneras diferentes. Algunos trenes transportan personas. Otros trenes transportan animales o suministros.

▲ vagón de automóviles

Vagones de carga

La mayoría de los vagones se usan para transportar **carga**. Hay distintos vagones para cada tipo de carga.

Los **furgones** son como grandes cajas metálicas con techo y paredes. Algunos están refrigerados para transportar alimentos y artículos que deben estar fríos.

Los **vagones tanque** se usan para transportar líquidos. Muchas veces transportan combustible.

◄ vagón tanque

▼ furgón

Vagones de pasajeros

Algunos vagones transportan personas. Las personas pueden comer, dormir y moverse en los **vagones de pasajeros**. Los vagones comedor están hechos para que la gente coma en ellos. Los vagones dormitorio tienen pequeñas habitaciones con camas. Los vagones de observación permiten a la gente mirar el paisaje. Los vagones de equipaje contienen maletas.

◄ vagón de pasajeros

▼ vagón comedor

vagones tolva ▶

vagones de ganado ▶

Los **vagones tolva** pueden estar abiertos o cerrados por la parte superior. En la parte inferior tienen una puerta de descarga. La puerta se abre para que el contenido (por ejemplo, granos o carbón) caiga.

Los **vagones de ganado** se utilizan para transportar animales. Permiten que entre aire fresco y tienen casetas para los animales.

Los trenes de antes tenían **vagones de cola**. Aquí era donde se sentaba el revisor. Los trenes actuales ya no necesitan vagones de cola.

¿Qué pasó con el vagón de cola?

Hoy en día, los vagones de cola han sido sustituidos por una caja eléctrica que "vigila" que no haya problemas.

▼ vagón de cola

Transporte en tren

En la década de 1960, la gente quería una mejor manera de viajar. Le preocupaba la contaminación. Muchas veces, los aeropuertos estaban demasiado lejos. Así que los viajes por tren volvieron a ser populares.

En la década de 1970, se creó **Amtrak** en los Estados Unidos. Amtrak viaja a más de 500 destinos en 46 estados.

Los trenes son la manera más barata de transportar carga y no contaminan tanto como los camiones o los automóviles.

La próxima vez que escuches ese lejano y solitario canto, tal vez te preguntes "¿Adónde vas, viejo tren? ¿Cuántas millas recorrerás antes de que termine tu viaje?"

◄ vagones dormitorio ▼

Trenes interurbanos

Los trenes interurbanos son trenes especiales que las personas usan para viajar distancias cortas, como por ejemplo, para viajar de la casa al trabajo. Cada año hay más personas que viajan en estos trenes. Así, pueden leer, dormir o trabajar mientras viajan.

¡Todos a bordo!

Para viajar en tren, sólo tienes que consultar un mapa y un itinerario como éste. ¿Adónde quieres ir? Es muy probable que un tren pueda llevarte a tu destino.

▼ Las líneas de color en el mapa indican las rutas de los trenes.

DE	A	SALIDAS	LLEGADAS
St. Petersburg RUSIA	Moscow RUSIA	4:40 P.M. 12.10	3:55 A.M. 13.10
Moscow RUSIA	Kiev UCRANIA	6:30 P.M. 13.10	6:35 P.M. 14.10

Glosario

accionar—en los trenes, cambiar o conmutar

acoplador—pieza metálica especial que se utiliza para unir vagones de un tren y evitar que se golpeen unos con otros

Amtrak—un sistema de trenes en los Estados Unidos

carga—bienes o equipos transportados en un tren u otro vehículo

desenganchar—desconectar vagones

durmiente—viga que se coloca atravesada en el lecho de las vías para conectar los rieles

eclisa—pieza metálica o de madera que se sujeta a los costados de dos rieles para conectarlos

enganchar—unir vagones

escuadra—pieza metálica que conecta los rieles de una vía férrea

flete—bienes o equipos transportados en un tren u otro vehículo

furgón—vagón que transporta bienes

guardafrenos—trabajadores de un tren o área de maniobras que realizan tareas como enganchar y desenganchar vagones, accionar agujas y transmitir señales

maquinista—persona que conduce un tren

motor de vapor—máquina de tren que funciona con vapor

motor diésel-eléctrico—motor muy grande de un tren, que utiliza combustible diésel y electricidad

pestaña—borde interno de la rueda de un tren que mantiene la rueda en el riel

revisor—la persona encargada del personal del tren, que asegura que todo funcione de manera correcta y segura

vagón de cola—el vagón que se usaba para ayudar a detener el tren y donde se sentaba el revisor

vagón de ganado—vagón que transporta ganado

vagón de pasajeros—vagón en el que la gente puede comer, dormir y llevar sus pertenencias

vagón tanque—vagón que transporta líquidos

vagón tolva—vagón que tiene una puerta de descarga en la parte inferior

Índice